Made in the USA
Las Vegas, NV
16 December 2021

38072229R00059